RÉUNION DES ARTICLES DE LOIS

Relatives aux Militaires blessés, veuves & enfans des défenseurs de la Patrie, dont l'exécution est conservée par le Décret du 13 Prairial.

D É C R E T de l'Assemblée nationale, du 23 mai 1792, l'an quatrième de la Liberté, relatif à la suspension des Pensions de retraite pour les Militaires.

L'ASSEMBLÉE NATIONALE considérant que chez un peuple libre, servir l'État est un devoir que tout citoyen est tenu de remplir; considérant que lorsque la patrie est menacée, ce devoir devient plus impérieux pour tous les citoyens, et même indispensable pour les militaires qui se sont spécialement consacrés à sa défense; considérant qu'il est instant de faire l'application de ces principes, décrète qu'il y a urgence.

L'Assemblée nationale, après avoir décrété l'urgence, décrète qu'à compter du jour de la publication du présent décret, et tant que la guerre durera, l'exécution des dispositions de la loi du 22 août 1790, qui assurent des récompenses pécuniaires en retraite aux militaires en activité, après un temps déterminé de service, demeure suspendue. Sont exceptés de cette disposition les officiers qui pendant la guerre seront forcés de quitter le service pour cause d'infirmités ou blessures constatées par le général sous les ordres

A

duquel ils serviront, et par le conseil d'administration
de leur corps.

---

*EXTRAIT du Décret de la Convention nationale,
du 10 Février 1793, l'an second de la République Française, qui accorde des Pensions de
retraite aux Volontaires nationaux et Soldats
des troupes de ligne que des blessures graves
mettent hors d'état de continuer et de reprendre
leur service.*

ART. IX. Les personnes qui auront obtenu des
pensions de retraite depuis les dispositions du présent
décret, seront tenues, indépendamment du certificat
auquel elles sont assujetties par l'article IV de la
présente loi pour obtenir leurs pensions de retraite,
de soumettre leur incurabilité à un second examen,
qui sera fait sans frais, en présence du conseil général
de la commune, par deux chirurgiens, pour constater si lesdites blessures sont assez graves pour les
mettre hors d'état de continuer leur service ou
d'exercer aucunes autres fonctions, et il sera fait
mention de ladite visite au bas du certificat voulu
par l'article IV.

X. Lesdits volontaires nationaux, soldats de troupes
de ligne et tous autres citoyens qui auront obtenu
des pensions de retraite pour blessures incurables,
seront en outre tenus, à l'époque de l'échéance de
leurs pensions de retraite, de se présenter au conseil
général de la commune de leur résidence, qui fera
procéder à une nouvelle visite, afin de constater s'ils
sont toujours hors d'état de reprendre le service ou
d'exercer aucunes autres fonctions: le certificat de

cette visite sera joint au certificat de vie , sans lesquels lesdites pensions de retraite ne pourront être payées.

EXTRAIT du décret de la Convention nationale , du 4 juin 1793, l'an second de la République Françaife, qui accorde des penfions & des fecours aux Veuves des Militaires décédés au fervice de la République.

LA Convention nationale, après avoir entendu le rapport de ses comités de liquidation et de la guerre ; décrète ce qui suit :

ART. Ier ..... En justifiant par lesdites veuves qu'elles n'ont pas de moyens suffisans pour subsister, par des certificats délivrés par les conseils généraux des communes de leur résidence , visés par les directoires de district et de département, et par le rapport des extraits de leurs contributions foncière et mobiliaire, de l'année qui aura précédé la demande en pension.

II. Les veuves des militaires qui auront servi au moins pendant trente ans, et qui seront décédés en activité de service, encore qu'ils n'aient pas perdu la vie , ni dans les combats, ni par suite des blessures reçues dans l'exercice de leurs fonctions, qui justifieront dans la forme prescrite par l'article précédent qu'elles n'ont pas des moyens suffisans pour subsister ; recevront à titre de secours annuel la moitié de la pension à laquelle leurs maris auroient eu droit de prétendre ; à raison du temps de leurs services.

DÉCRET *de la Convention nationale du 6 juin 1793, l'an second de la République Française, relatif aux Pensions de retraite à accorder aux Généraux, Sous-officiers, Volontaires et Soldats que des blessures auront mis hors d'état de continuer et de reprendre leurs services.*

LA Convention nationale, après avoir entendu le rapport de ses comités de liquidation et de la guerre, décrète ce qui suit :

ART.1.ᵉʳ Les généraux, officiers, sous-officiers, volontaires et soldats de toutes armes, que des blessures graves résultant des événemens de la guerre auront mis hors d'état de continuer et de reprendre leurs services, recevront des pensions de retraite, suivant les bases déterminées par les articles ci-après.

II. Tous les généraux et officiers, jusqu'au grade de capitaine inclusivement, qui auront perdu *deux de leurs membres*, recevront, à titre de pension, quels que soient leur âge et le temps de leurs services, la totalité des appointemens attachés à ce grade en temps de paix, sans que néanmoins cette pension puisse jamais excéder la somme de dix mille livres, conformément aux articles XVIII et XX de la loi du 22 août 1790.

III. Tous lieutenans, sous-lieutenans, sous-officiers, soldats de toutes armes, qui auront perdu *deux de leurs membres*, seront élevés au grade de capitaine honoraire, et recevront à titre de pension la totalité du traitement attaché à ce grade en temps de paix.

IV. Tous les généraux, officiers et soldats de quelque grade qu'ils soient, qui auront perdu totalement *la vue* par suite de blessures reçues à la guerre, seront traités de la même manière que ceux qui auront perdu *deux de leurs membres*, et suivant les proportions énoncées aux deux précédens articles.

V. Les officiers-généraux qui auront perdu *un de leurs membres*, ou qui seront hors d'état de continuer leurs services par suite de blessures reçues, ou infirmités contractées par l'exercice de leurs fonctions, recevront à titre de pension, quels que soient leur âge et le temps de leurs services, la moitié du traitement dont ils jouissoient, sans cependant que cette pension puisse excéder cinq mille livres.

Et néanmoins dans le cas où quelques-uns des officiers généraux se trouveroient, par leurs services effectifs et par leur âge, en droit de prétendre à une pension de retraite, ou égale ou excédant la somme de cinq mille livres, ils jouiront alors, 1.° de la pension à laquelle leur âge et le temps de leurs services leur donneront droit de prétendre suivant la loi du 22 août 1790 et le décret du 23 février 1793; 2.° et à titre de supplément de pension, de la moitié de la somme excédante pour parvenir au *maximum* de dix mille livres fixé par l'article premier.

VI. Les colonels, lieutenans-colonels, commandans de bataillon, capitaines, lieutenans, sous-lieutenans, qui auront perdu *un de leurs membres* à la guerre, ou qui, par leurs blessures ou infirmités contractées par l'exercice de leurs fonctions, seront hors d'état de continuer leurs services, quels que soient leur âge et le temps de ces services, seront admissibles à l'hôtel national des invalides, et auront par conséquent la faculté d'opter ou l'hôtel, ou la pension qui le représente, conformément à l'article XIV de la loi du 16 mai 1792.

VII. Tous porte-drapeaux, sous-officiers et soldats de toutes armes, qui auront perdu *un de leurs membres* à la guerre, ou qui sans avoir perdu un de leurs membres, seront privés *de l'usage de deux*, ou auront reçu des *blessures incurables* et qui les mettroient hors d'état de pourvoir à leur subsistance, seront élevés au grade de sous-lieutenant; ils seront admissibles à l'hôtel national des invalides, et pourront opter entre l'hôtel et la pension qui le représente, au grade de sous-lieutenant, suivant le même article XIV de la loi du 16 mai 1792.

VIII. Tous sous-officiers et soldats de toutes armes, qui par suite de blessures reçues auront perdu *l'usage d'un de leurs membres* et seront mis hors d'état de continuer leur service, seront admissibles à l'hôtel national des invalides, s'il y a des places vacantes, ou recevront pour indemnité une pension de vingt sous par jour.

IX. Les officiers, sous-officiers et soldats de toutes armes, reconnus par les précédens articles admissibles à l'hôtel national des invalides ou à la pension représentative, ne pourront y être admis sans avoir produit un certificat de chirurgien des armées, visé par les chefs de leurs corps respectifs, et approuvé par le général de l'armée, qui constate que leurs blessures et infirmités résultent des événemens de la guerre, et sont de nature à ne pas leur permettre de se servir d'un ou de deux membres affectés, et de pourvoir à leur subsistance.

X. Les dispositions du présent décret seront applicables à ceux des militaires invalides retirés, soit à l'hôtel, soit dans les départemens, qui auront reçu leurs blessures depuis la déclaration de guerre pour la liberté.

Quant aux autres militaires invalides blessés avant cette époque, ils ne pourront s'en appliquer des dispositions, qu'autant qu'ils se trouveroient dans les cas prévus par les articles II, III et IV.

XI. Les dispositions énoncées au présent décret seront applicables aux officiers de santé qui se trouveront dans les cas qui y sont prévus.

XII. Les veuves de militaires estropiés compris dans les articles II, III et IV, qui justifieront n'avoir contracté mariage avec eux que depuis l'époque des blessures reçues, auront à titre de pension la moitié de celle dont jouissoit leur mari, en justifiant néanmoins dans les formes prescrites par l'article Ier du décret du 4 de ce mois qu'elles n'ont pas de moyens suffisans pour subsister, et sans qu'en aucun cas cette pension puisse excéder 1,000 livres.

XIII. La Convention nationale déroge à toutes les lois précédentes relativement aux pensions et indemnités accordées aux officiers, sous-officiers et soldats ou volontaires blessés, en tout ce qui est contraire au présent décret, et les maintient au surplus en tout ce qui n'y est pas dérogé.

XIV. La Convention nationale charge son comité de la marine de lui présenter dans le plus court délai, le mode de l'application du présent décret aux officiers et soldats de la marine, pour les faire jouir des avantages qu'il accorde aux défenseurs de la patrie que des blessures graves empêchent de continuer leurs services.

XV. La Convention nationale décrète qu'à compter du premier juillet prochain, toutes les pensions militaires et autres décrétées, et qui le seront à l'avenir, seront payées par le receveur du district dans l'arrondissement duquel les pensionnaires auront résidence. Charge le comité des finances de lui présenter dans huitaine le mode d'exécution du présent décret.

DÉCRET de la Convention nationale, du 8 juillet 1793, l'an second de la République Française, relatif au Traitement des Soldats ou Officiers qui ont perdu l'usage d'un ou de plusieurs membres.

LA Convention nationale déclare qu'en exécution de la loi du 10 février dernier, les traitemens accordés aux soldats et officiers qui ont perdu un ou plusieurs membres au service de la République, doivent avoir lieu également à l'égard de ceux desdits soldats ou officiers qui ont perdu l'usage d'un ou de plusieurs membres.

EXTRAIT du Décret du 16 Vendemiaire, qui accorde des Pensions aux Militaires blessés & à leurs Veuves.

ART. V. Aucun des militaires compris dans l'état annexé au présent décret, et de ceux auxquels il a été accordé des pensions en vertu des dispositions de la loi du 6 juin dernier, ne pourra toucher la pension qu'en rapportant à chaque semestre un certificat de deux officiers de santé de l'hôpital du lieu le plus voisin de sa résidence, visé par le conseil général de la commune, qui constate qu'il est encore privé de l'usage de l'un ou de deux de ses membres, ou qu'il n'est pas guéri de la blessure qu'il a reçue au service de la République, sauf à réclamer auprès du ministre de la guerre la pension moins considérable à laquelle son état et ses services pourront lui donner droit.

EXTRAIT du Décret de la Convention nationale, du 5.ᵉ jour de Nivôse, an second de la République Française, une & indivisible, qui ordonne le prompt Jugement des Officiers prévenus de complicité avec Dumourier, Custine fils, &c. ; et augmente les Récompenses accordées aux Défenseurs de la Patrie.

ART. III. Les secours et récompenses accordées par les décrets précédens aux défenseurs de la patrie blessés en combattant pour elle, ou à leurs veuves et à leurs enfans, sont augmentés d'un tiers.

Nota. La disposition de cet article ne reçoit plus d'application aux veuves et à leurs enfans, dont le traitement est encore devenu plus favorable par la loi du 13 prairial : il s'applique aux militaires blessés.

EXTRAIT du Décret de la Convention nationale, du 21.ᵉ jour de pluviôse, an second de la République Française, une & indivisible, qui règle le Mode de paiement des Pensions, Indemnités et secours accordés aux défenseurs de la Patrie et à leurs familles.

LA Convention nationale voulant régler d'une manière certaine et définitive le paiement des pensions, indemnités et secours accordés aux défenseurs de la patrie et à leurs familles ; voulant faire jouir promptement les veuves et enfans de ceux qui sont morts dans les glorieux combats livrés pour la cause de la liberté et de l'égalité, ceux aussi qui dans les mêmes combats ont reçu d'honorables blessures, des augmentations nouvellement décrétées en leur faveur; rapprocher enfin les principales dispositions des lois précédemment rendues sur le même objet, en les accordant ensemble, pour qu'aucun obstacle ne puisse désormais retarder l'acquittement de cette dette de la patrie; après avoir entendu son comité de salut public, décrète ce qui suit :

TITRE PREMIER.

Des Citoyens auxquels on doit faire l'application des lois précédemment rendues.

ART. UNIQUE. Les secours décrétés par les lois des 26 novembre 1792, 4 mai, 18 juillet, 15 septembre 1793 (vieux style) et 6 nivôse dernier, sont applicables aux familles des citoyens soldats volontaires, militaires de toutes armes, marins, canonniers, soldats, matelots et ouvriers navigans, en activité de service, tant dans les armées que sur les vaisseaux et bâtimens de la République, lorsqu'il est reconnu que leur travail fut une ressource nécessaire à la subsistance de ces mêmes familles.

TITRE II.

De ceux qui ont droit aux Secours annuels.

ART. UNIQUE. Les individus qui ont droit aux secours distribués annuellement aux familles des citoyens en activité de service, ci-dessus spécifiés, sont :

Les pères, mères et parens ascendans dans la même ligne ;

Les épouses ;

Les enfans ;

Les fréres ou sœurs orphelins de pére et de mère.

TITRE III.

De la proportion des Secours à distribuer annuellement à ceux qui y ont droit.

ART. I.er Les pères et mères âgés de moins de

soixante ans, recevront par année chacun autant de fois soixante livres qu'ils auront de fils au service de la République.

II. Les pères et mères au-dessus de soixante ans, ceux qui sont hors d'état de travailler par infirmité reconnue, quel que soit leur âge, et ceux qui sont en état de viduité, recevront chacun cent livres, dans les mêmes cas et sous les mêmes rapports.

III. Les ascendans des pères et mères recevront chacun soixante livres, quel que soit le nombre de leurs petits enfans en activité de service.

IV. Les épouses, quel que soit leur âge, recevront cent livres.

V. Chaque enfant jusqu'à douze ans, recevra cent livres. Hors d'état de travailler, il recevra la même somme, quel que soit son âge.

VI. Les frères ou sœurs orphelins de père et de mère, jusqu'à douze ans, recevront chacun cent livres. Hors d'état de travailler, ils recevront la même somme, quel que soit leur âge.

TITRE IV.

Des Indemnités accordés aux Veuves et à leurs Enfans, ainsi qu'aux Blessés.

ART. I. La loi du 6 juin dernier, relative aux indemnités dûes aux défenseurs de la patrie pour les blessures ou mutilations qui les mettent hors d'état de continuer leur service, est applicable à tous les citoyens désignés dans le titre premier du présent décret, ainsi qu'aux militaires invalides qui ont reçu ces blessures depuis la déclaration de guerre actuelle.

II. Conformément à la loi du 6 nivôse dernier, les indemnités dûes aux blessés seront augmentées d'un tiers.

VIII. Les pères et mères dont un ou plusieurs enfans sont morts en défendant la patrie, recevront

six années des secours qu'ils reçoivent annuellement
et dans la proportion indiquée par l'article premier
du titre III du présent décret.

IX. Chacun des autres parens désignés dans le
titre second, recevra dans le même cas, trois années
des secours auxquels il a droit de prétendre.

TITRE V.

Des Citoyens partis en remplacement et autres non désignés dans le titre premier.

II. Les citoyens qui, par suite de blessures reçues
en faisant le même service requis et commandé,
seroient mis hors d'état de pourvoir à leur subsistance
par leur travail, jouiront des avantages prononcées
par la loi du 6 juin en faveur de ceux que les
événemens de la guerre mettent hors d'état de continuer leur service.

TITRE VI.

De l'époque des Paiemens.

ART. I." Tous les secours et toutes les pensions
annuellement payés le seront toujours d'avance, et
par trimestre, à compter du premier germinal, troisième trimestre de la seconde année républicaine.

TITRE VII.

De la manière de régler les Comptes de la dette échue.

ART. I." Cinq jours après la réception du présent
décret, les officiers municipaux feront convoquer,
dans un lieu indiqué pour cet effet dans chaque
commune et section de commune, toutes les familles
qui, dans leur arrondissement, ont droit aux secours,
indemnités et pensions, en raison des services des
défenseurs de la patrie dont le travail étoit nécessaire
à leur subsistance. Cette convocation sera proclamée
publiquement au moins deux fois avant le jour
indiqué.

II. Les réclamans qui ont des titres, les produiront dans cette assemblée aux officiers municipaux. Ceux qui n'ont point de titres indiqueront la cause de cette privation ; ils feront, sous la foi du serment républicain, la déclaration des droits dont ils jouissent en vertu des décrets précédens, de ce qu'ils ont touché jusqu'alors, en quel lieu et à quelle époque.

III. Ceux des réclamans qui ne pourront venir à l'assemblée indiquée, feront connoître la cause de leur absence aux officiers municipaux, curateurs désignés en cette occasion de tous ceux qui ne pourroient faire valoir leurs intérêts ; il en sera fait mention sur la liste, ainsi que de leurs réclamations.

IV. Cette séance uniquement consacrée à cet objet, ne sera point levée que la liste ne soit close et déclarée complète par les officiers municipaux.

V. Pendant la séance, il sera nommé une commission composée en nombre égal, de commissaires-vérificateurs et de commissaires - distributeurs, en proportion de deux en chaque fonction, pour cent réclamans, inscrits sur la liste et au-dessous, trois pour cent cinquante, et ainsi de suite.

VI. Les vérificateurs seront pris parmi les citoyens qui ont droit aux secours ; les distributeurs parmi les plus forts contribuables de la commune, d'après le rôle des impositions.

VII. Pendant les dix jours qui suivront celui où l'assemblée aura eu lieu, les vérificateurs examineront les titres ou droits d'après les déclarations faites par tous les réclamans inscrits sur la liste ; ils pourront écarter jusqu'à nouvel examen, les prétentions qui leur paroîtront évidemment mal fondées ; ils ratifieront, d'après le sentiment de leur conscience, celles dont ils reconnoîtront la sincérité.

VIII. Pendant le même temps, les distributeurs règleront le matériel des comptes ; ils constateront

A 7

ce qui a été payé et ce qui est dû à chacun. Ils réaliseront les fonds nécessaires pour que tout ce qui se trouvera dû aux réclamans jusqu'au premier germinal, soit acquitté dans la décade suivante ; ils énonceront aussi additionnellement à chaque article, sur la même liste, ce qui devra être payé à chaque partie prenante pour le trimestre de germinal.

IX. Les fonds nécessaires seront fournis par la caisse du district, sur le montant des impositions.

X. Si l'éloignement ou des obstacles résultant des localités retardoient l'arrivée des fonds nécessaires dans le courant de la décade, les commissaires-distributeurs devront y suppléer en se concertant et cotisant avec les principaux contribuables. Le rôle de cette cotisation sera réglé par les officiers municipaux et les membres des comités de surveillance réunis.

XI. L'agent national de chaque commune fera parvenir à celui du district les listes ratifiées par les vérificateurs, et ordonnancées par les officiers municipaux ; ce dernier agent fera rembourser sans délai, par le caissier du district, les avances qu'auroient pu faire les commissaires-distributeurs dans chaque commune, suivant les circonstances.

XII. Les agens nationaux et commissaires-distributeurs seront responsables individuellement et collectivement, des retards qu'éprouveroit le paiement définitif de tout ce qui est arriéré, lequel sera effectué sous la surveillance de l'agent national de chaque commune.

XIII. Le commissaire-distributeur, nommé et choisi ainsi qu'il a été dit ci-dessus, qui refuseroit de remplir l'honorable emploi qui lui est destiné, et ceux qui refuseroient le montant qu'ils doivent fournir à la cotisation nécessaire, seront déclarés suspects et mauvais citoyens.

XIV. Les commissaires précédemment nommés

dans les municipalités et chef-lieux de canton, conformément à la loi du 15 septembre dernier (vieux style), pour la distribution des secours; ceux qui, dans les sections des grandes communes, ont été nommés pour suivre les mêmes opérations, coopéreront; s'ils en sont requis, avec les nouveaux commissaires, et seront tenus de leur fournir tous les renseignemens qui seroient nécessaires.

XV. Chaque administration de district nommera deux commissaires, qui parcourant son arrondissement, aideront et hâteront l'exécution des mesures ci-dessus prescrites. Ces commissaires recevront une indemnité qui sera payée par le caissier du district, après avoir été réglée et ordonnancée par le directoire.

TITRE VIII.

Des formes à suivre pour les paiemens ultérieurs, à commencer du premier Germinal.

ART. I.ᵉʳ Les doubles des listes d'après lesquelles auront été effectués les paiemens dans le courant de ventôse prochain, quittancées par les officiers municipaux, seront successivement envoyés au directoire de chaque département par les agens nationaux de district.

II. De la date du présent décret au 15 ventôse prochain, et successivement de trois mois en trois mois, quinze jours avant le premier de chaque trimestre, il sera fait aux différentes armées, par chaque bataillon ou escadron, et sur les vaisseaux et bâtimens de la République, par les états-majors et conseils d'administration, un recensement de tous les citoyens en activité de service, qui reconnoissent avoir, en quelque endroit que ce soit de la République, des parens dont ils soutenoient l'existence par leur travail, et auxquels la patrie distribue des secours en considération de leur service.

A 2

III. Ces déclarations brièves et franches seront réunies sommairement sur un registre particulier; elles indiqueront le lieu de la naissance du citoyen déclarant, la date et les époques de son service, avec ou sans interruption; le nom de ses parens reconnus; celui du département, du district et de la commune dans laquelle ses parens réclament annuellement des secours. Les conseils d'administration releveront sur une feuille qui sera envoyée à chaque département, les déclarations relatives aux citoyens qui y sont domiciliés; ils y joindront l'état des citoyens morts, des prisonniers de guerre, et de ceux qui sont restés dans les hôpitaux éloignés, depuis le trimestre précédent. Ces copies et états seront certifiés par les états-majors, lesquels seront responsables collectivement et individuellement des retards qu'ils auroient apportés par leur négligence à un paiement quelconque, et en supporteront les indemnités. Les déclarations des prisonniers de guerre ne pouvant être reçues, le certifié des états-majors en tiendra lieu, et les familles recevront en conséquence. Le certifié des bureaux de la guerre sera aussi un titre suffisant pour les familles des citoyens qui se trouveroient faire partie de la garnison d'une place bloquée. Le certifié des bureaux de la marine aura la même valeur relativement aux citoyens qui font partie des bataillons et équipages embarqués ou transportés outre mer : ces différens bureaux auront à cet égard les mêmes obligations à remplir que les états-majors ou conseils d'administration.

IV. Chaque directoire de département fera successivement comparer les listes envoyées par les états-majors et conseils d'administration des bataillons ou vaisseaux et bâtimens de la République, avec les listes envoyées par les agens nationaux de district. D'après cette comparaison, il réglera en définitif les sommes à payer dans la première décade de chaque trimestre, et la fera parvenir à chaque district.

V. Les déclarations douteuses, celles qui n'auroient pas été trouvées réciproquement conformes entre les défenseurs de la patrie et leurs parens qui réclament, seront examinées par une commission composée ainsi que celle indiquée dans l'article VI du titre VII. Les commissaires nommés devront s'acquitter pendant trois mois de tout ce qui tient à ces fonctions, telles qu'elles sont énoncées. Ils pourront exiger les titres qu'ils jugeront nécessaires pour appuyer les réclamations douteuses. Ils ajouteront aux listes le nom des nouveaux défenseurs qui sortiront du sein de la commune pour rejoindre les armées, ainsi que celui de leurs parens qui ont droit aux secours. Cette commission sera nommée et renouvelée le premier décadi de chaque trimestre.

VI. L'agent national de chaque district reconnoîtra les listes envoyées à chaque trimestre par le directoire du département. Il accélérera le versement des fonds nécessaires pour le paiement dans chaque commune. Les premières listes du trimestre de germinal prochain, une fois reconnues, seront conservées avec soin, et serviront aux paiemens subséquens, sans qu'il soit besoin d'autres titres de la part des familles, tant que l'activité de service du défenseur de la patrie sera certifiée par les états-majors et conseils d'administration, ainsi qu'il a été dit ci-dessus.

VII. Si l'éloignement des lieux ou des obstacles imprévus retardoient l'envoi des listes, qui doit être fait par les bataillons et conseils d'administration, et ensuite par les départemens, au district, pour le paiement de germinal, il n'en sera pas moins procédé par les commissaires distributeurs dans chaque commune, au paiement d'avance de ce trimestre, sur l'énoncé additionnel qui aura dû être fait au compte de chacun

des réclamans, conformément à la disposition de l'article VIII du titre VII.

TITRE IX.

De ceux qui feroient de fausses déclarations, & des Absens.

ART. I.ᵉʳ CEUX qui auroient fait de fausses déclarations, avec la certitude des faits contraires et de dessein prémédité, seront traduits devant les tribunaux, comme ayant volé les deniers de la République.

II. Les erreurs qui seront reconnues innocentes, n'entraîneront que la restitution des sommes qui pourroient avoir été perçues.

III. Les absens de leur commune qui n'auront point établi ailleurs leur domicile ni leurs réclamations, seront toujours reçus à produire leurs titres.

TITRE X.

De la durée des Secours accordés.

ARTICLE UNIQUE.

TANT que l'activité de service des citoyens désignés dans le titre premier, sera maintenue par la loi, les secours annuels spécifiés dans le présent décret, seront distribués à leurs familles.

TITRE XI.

De la Correspondance nécessaire pour assurer l'exécution de la Loi.

ART. I.ᵉʳ LES agens nationaux de district informeront sans délai le ministre de l'intérieur de l'exécution du présent décret, et lui feront tenir les doubles de toutes les listes qui auront servi au paiement qui sera fait dans le courant de ventôse prochain.

II. Les doubles des listes qui serviront au paiement

des trimestres suivans , lui seront aussi successivement envoyés par les directoires de chaque département.

III. Le ministre fera parvenir sans retard , soit aux armées , soit aux directoires de département ou de district , pour toutes les listes de déclaration qui doivent servir au paiement de germinal , un modèle d'une forme concise et resserrée , auquel sera joint un tableau sommaire et indicatif de ce qui est dû par mois , par décade , par jour , d'après les dispositions du présent décret et des lois dont il maintient l'exécution , à chacun de ceux qui ont droit aux secours annuels , pensions et indemnités ; ces modèles et tableaux seront soumis à l'approbation du comité de salut public. Chaque district en fera réimprimer et distribuer , trois jours après la réception du modèle , le nombre nécessaire aux différentes communes.

IV. Il sera mis trente millions à la disposition du ministre de l'intérieur , pour fournir aux différens remboursemens pour lesquels les caisses de district se trouveroient insuffisantes.

Le ministre rendra compte de l'emploi de cette somme et de celles qui ont été mises précédemment à sa disposition pour le même objet.

V. L'insertion du présent décret dans le bulletin , tiendra lieu d'envoi et de promulgation. Il sera lu , sitôt après sa réception , à la tête de tous les corps armés et sur tous les vaisseaux et batimens de la République , et dans une séance publique de toutes les administrations. Les dispositions des lois précédentes , relatives aux enfans orphelins des défenseurs de la patrie , aux militaires invalides , et toutes autres prononcées en faveur des citoyens désignés dans le titre premier , qui ne sont pas reproduites ou révoquées par la teneur des nouvelles dispositions dans le présent décret , resteront conservées. Tous les arrêtés des représentans du peuple, qui lui seroient contraires, demeureront sans effet.

Du 22 Pluviôse.

Article additionnel au Décret ci - deſſus, relatif aux Défenſeurs de la Patrie.

LA représentation des congés limités, accordés aux défenseurs de la patrie pour aller dans leur famille, équivaudra aux certificats d'activité de service, pendant le temps seulement que durera le congé.

DÉCRET *de la Convention nationale, du 24.ᵉ jour de Floréal, an second de la République Française, une et indivisible, relatif aux secours accordés aux Parens des militaires partis en remplacement.*

LA Convention nationale, après avoir entendu le rapport de son comité des secours publics,

Décrète qu'à compter du premier germinal dernier, les parens des militaires partis en remplacement, jouiront également, et dans les mêmes cas et dans les mêmes proportions, des secours accordés aux familles des défenseurs de la patrie par la loi du 21 pluviôse dernier et par les lois antérieures;

Déroge, quant à ce, à l'article I du titre V de la loi du 21 pluviôse et à l'article III de la loi du 4 mars 1793.

Le présent décret sera inséré au bulletin de correspondance.

DÉCRET de la Convention nationale, du 13.ᵉ jour de Prairial, an second de la République Française, une et indivisible, qui détermine le mode de distribution des secours dûs aux familles des Défenseurs de la Patrie.

LA Convention nationale voulant ne laisser aucun prétexte à retarder la distribution des secours dûs aux familles des défenseurs de la patrie, après avoir entendu le rapport de ses comités de salut public, des secours et de liquidation réunis, décrète :

TITRE PREMIER.

ART. I.ᵉʳ Toute citoyenne veuve d'un citoyen mort en défendant la patrie, ou faisant un service requis et commandé au nom de la république, aura droit à une pension de trois cents livres, en justifiant de ses besoins, conformément à l'article premier de la loi du 4 juin 1793 (*vieux style*).

II. La pension de la veuve sera susceptible d'augmentation, relativement à l'ancienneté de service du citoyen son époux : elle ne le sera point relativement au grade.

III. L'augmentation progressive de ces pensions sera de cinquante livres par chaque année de service effectif du citoyen ; la dernière année sera comptée double.

IV. Le *maximum* de la pension des veuves sera de quinze cents livres.

V. La veuve dont le mari sera mort sur le champ de bataille ou de la suite de blessures reçues dans le combat, recevra une indemnité provisoire non sujette à être retenue.

VI. L'indemnité provisoire pour les veuves sera d'une année de la solde des militaires morts n'ayant point grade d'officiers, et d'une demi-année de ceux morts ayant grade d'officiers : le *maximum* de ces indemnités sera de trois mille livres.

VII. Les enfans des défenseurs de la patrie recevront jusqu'à l'âge de douze ans, la moitié des pensions, indemnités et provisoires payés aux veuves ; les enfans infirmes et hors d'état d'agir, en jouiront pendant toute leur vie, quelle que soit l'époque de leurs infirmités.

VIII. Les pères et mères et autres parens des défenseurs de la patrie morts dans les combats ou en faisant un service requis et commandé, recevront en secours provisoire, une année de ce qu'ils ont droit de prétendre, conformément aux articles VIII et IX du titre IV de la loi du 21 pluviôse, sauf retenue sur le définitif.

IX. Les soldats gravement mutilés recevront cumulativement tout ce qui leur est attribué par la loi en indemnités ou pensions, relativement à leur ancienneté de service et à leurs blessures. Il n'y aura point de *maximum* qui leur soit applicable. Ils recevront en provisoire le tiers de ce qu'ils ont droit de prétendre par année, sauf retenue sur ce qui leur sera attribué définitivement.

X. Le service des défenseurs de la patrie datera toujours de l'époque où ce service effectif a commencé ; et les secours pour leurs familles sont applicables à tout le temps de son activité maintenue par la loi.

XI. Les pensions des veuves, payées en exécution et relativement à la date et aux dispositions des lois précédentes, continueront à l'être sur le même pied, à moins que les veuves ne déclarent préférer le traitement qui leur est attribué par les lois postérieures ; elles ne pourront opter qu'une fois.

XII. Les citoyennes qui réuniront à la fois les titres de mères et d'épouses, de veuves et épouses, ou tout ensemble de mères, veuves et épouses de défenseurs de la patrie, recevront cumulativement les pensions et indemnités attribuées par la loi à chacun de ces titres respectables.

XIII. Les citoyennes devenues mères par adoption, qui ont soigné dès l'enfance leurs fils adoptifs employés à la défense de la patrie ou requis pour la servir ;

Les belles-mères dont le mariage a précédé l'enrôlement du volontaire devenu leur fils ;

Les enfans reconnus par les défenseurs qui sont restés orphelins, ou réunis à leur domicile en famille, ainsi que leurs mères, lorsqu'elles auront rempli fidèlement les devoirs de la maternité par des soins continués avant et depuis l'enrôlement du père jouiront de tous les bienfaits de la loi envers les enfans, mères et veuves des défenseurs de la patrie.

XIV. Lorsque le défenseur de la patrie sera reconnu avoir eu le caractère de père de famille envers ses frères et sœurs ou parens orphelins, il leur transmettra par l'activité de son service, les mêmes droits que le père de famille vivant et les secourant de son travail, auroit pu leur transmettre étant en état de service.

TITRE II.

De l'exécution des Lois relatives aux Secours.

ART. Ier Les paiemens de toutes les pensions, indemnités & provisoires, se feront dans les communes et sections par les commissaires-distributeurs.

Les indemnités et provisoires seront payés sur *visa* approuvés par les commissaires-vérificateurs des communes & sections.

Tous les brevets et titres de pension seront délivrés ultérieurement et définitivement par la commission des mouvemens des armées, visés à la commission des secours, après en avoir communiqué l'état au comité de liquidation de la Convention nationale.

II. Les provisoires seront payés sur titres simples et attestations, tels que le réclamant aura pu se les procurer des chirurgiens, de ses frères d'armes réunis, ou des officiers municipaux; les blessures elles-mêmes, suivant les cas, seront un titre suffisant : le vœu des vérificateurs suffira pour en décider l'authenticité.

III. Si l'on ne pouvoit produire aucune preuve de l'existence d'un soldat républicain à son bataillon ou comme prisonnier, ni de sa mort au champ de bataille ou dans les hôpitaux, les secours pourront être continués sur les attestations des conseils et états - majors du bataillon que le patriotisme du citoyen dont il s'agit étoit éprouvé et reconnu, et sur la même attestation collectivement donnée du patriotisme de ses parens par les communes ou sections qu'ils habitent.

IV. Il sera fait mention sur le premier titre produit en réclamation, de la première somme payée, telle qu'elle soit; les commissaires-distributeurs prendront note de tous les paiemens de cette nature, et les feront parvenir, à chaque décade, sans délai, par la voie du district aux bureaux des commissions, qui feront délivrer aux réclamans les titres ultérieurement nécessaires.

V. En délivrant le titre ou brevet de pension, tous les autres titres seront retirés ; les retenues des provisoires qui y seront sujets suivant la loi, se feront sur les deux premières années : aucune autre retenue particulière ne pourra avoir lieu au nom des communes ou sections pour les avances qu'elles diroient avoir faites.

VI. Les subsistances ne seront accordées aux militaires réclamans que pour un mois seulement.

VII. Les citoyens aisés, ayant des moyens assurés et connus de pourvoir à leurs besoins, qui réclameront des secours contre le vœu de la loi, seront sujets à restitution.

Ceux qui ont des revenus et une fortune vérifiée par la cote des impositions, et qui par de pareilles réclamations auront usurpé le patrimoine de la vertu indigente, seront notés comme dilapidateurs des deniers publics, et traités comme tels.

VIII. Le dernier décadi de prairial, il sera nommé de nouveaux commissaires-vérificateurs et distributeurs dans chaque commune et section de la République.

Ils pourront se faire aider dans leurs fonctions par ceux qui les auront précédés actuellement en exercice.

IX. Le paiement du trimestre de messidor pour les secours, pensions et indemnités, sera effectué dans les deux premières décades de ce mois, sur les notes additionnelles qui ont servi au paiement de germinal, conformément à l'article VIII du titre VII de la loi du 21 pluviôse, ainsi que sur les notes pareilles qui seront faites d'après les mêmes bases, pour les nouvelles réclamations.

X. Les listes des bataillons seront envoyées, conformément au titre VIII de la loi du 21 pluviôse, dans le courant du trimestre de messidor, aux différens départemens, sans plus de délai ; les états définitifs de paiemens seront envoyés au comité de liquidation de la Convention nationale et à la commission.

XI. Dès que le vœu des commissaires-vérificateurs aura validé une réclamation, les commissaires-distributeurs ou autres fonctionnaires qui retarderoient par négligence ou mauvaise intention le bienfait de la loi, seront tenus à dédommagement : il ne pourra être moindre d'un tiers de la somme réclamée.

L'agent national agira pour faire payer ces dédommagemens.

Il sera dans tous les cas responsable des abus qu'il n'auroit pas dénoncés.

XII. Dans la troisième décade de messidor, les commissaires-vérificateurs des communes de chaque arrondissement de canton se rassembleront au chef-lieu de ce canton ; ils y formeront, réunis, un juri qui prononcera dans le courant de la décade sur toutes les questions que les commissaires-vérificateurs de chaque commune auroient laissées indécises ou sujettes à réclamation : à la fin de messidor, tous les paiemens devront être terminés.

XIII. Les juris de vérificateurs pourront se diviser en différentes sections ; il ne pourra y avoir moins de cinq vérificateurs à chaque section : les vérificateurs seront défrayés du déplacement pendant la tenue du juri, ainsi qu'il est réglé pour les commissaires de district, article XV du titre VII de la loi du 21 pluviôse.

Dans es communes où il n'y auroit pas dix réclamations de secours , et celles aussi où il n'y auroit que des citoyennes réclamantes, le plus ancien officier municipal fera les fonctions de vérificateur ; les secours seront envoyés par le receveur du district, sur son mandat visé par la municipalité : s'il y a difficulté relativement à ces décisions, elle sera portée au juri des vérificateurs de canton.

X1V. Tout ce qu'il y auroit de contraire aux dispositions du présent décret dans les lois précédentes, est révoqué : les dispositions de celle du 21 pluviôse et autres précédentes, qui restent en vigueur, seront imprimées collectivement avec le présent décret, pour que rien ne puisse désormais en retarder l'exécution.

XV. Il sera mis une somme de cent millions à la disposition des commissaires des secours publics, pour fournir aux caisses de district qui seroient insuffisantes. Le compte de cette somme et de toutes celles précédemment délivrées pour le même objet, sera définitivement réglé dans le trimestre de messidor.

XVI. La commission des secours fera composer et distribuer sans délai un tableau de forme concise, pour indiquer ce qui est dû par mois , par jour et par décade , en raison des réclamations motivées sur le présent décret ; elle y joindra l'instruction nécessaire aux commissaires-vérificateurs : cette instruction et ces tableaux seront envoyés aux districts , qui en feront de suite réimprimer le nombre nécessaire aux différentes communes.

L'insertion du présent décret au bulletin, tiendra lieu d'envoi et promulgation ; il sera lu , sitôt après sa réception , à la tête de tous les corps armés, sur tous les vaisseaux et bâtimens de la République, et dans une séance publique de toutes les administrations et sociétés populaires, et dans les hôpitaux militaires.

Visé par l'inspecteur. Signé CORDIER.

Collationné à l'original, par nous président & secrétaires de la Convention nationale. A Paris, le 16 Prairial, an second de la République une & indivisible. *Signé* VOULLAND, *ex - président;* ; CARRIER & FRANCASTEL, *secrétaires.*

Pour copie conforme :

Le Commissaire des Administrations civiles, Police & Tribunaux.

A PARIS,

DE L'IMPRIMERIE NATIONALE DU LOUVRE.

An II.ᵉ de la République.